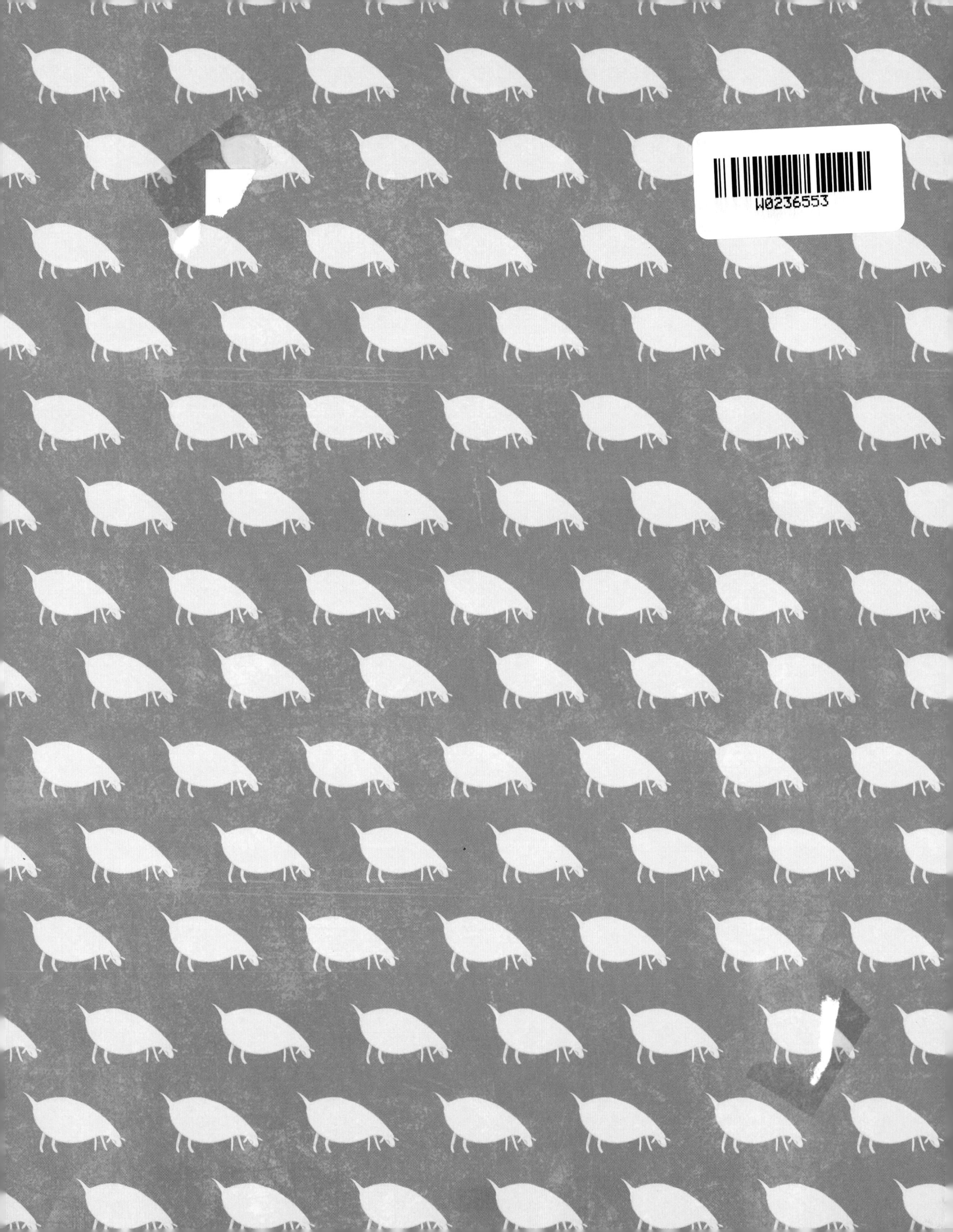

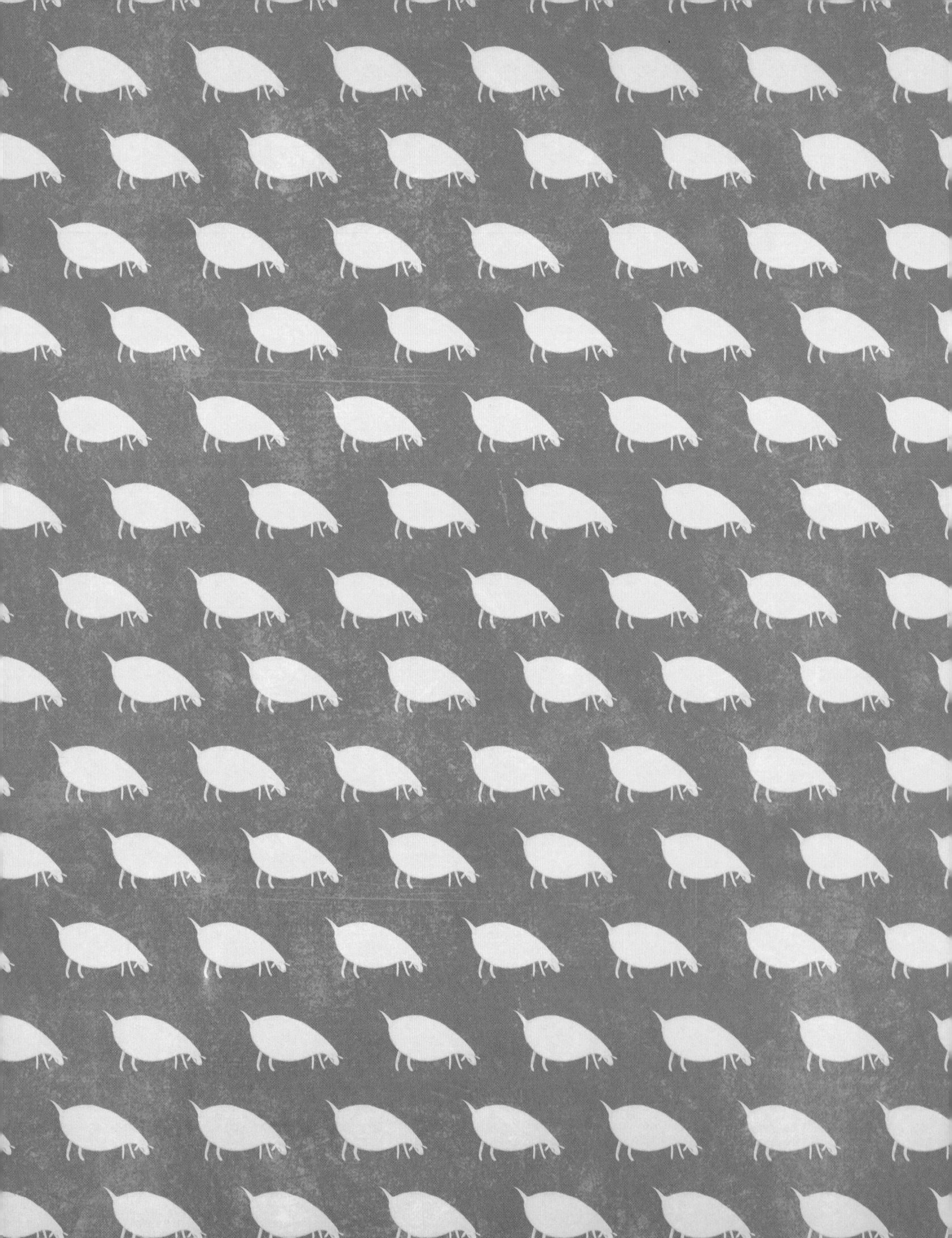

ÄSOPS

Fabeln

K KINDERMANN VERLAG

ÄSOPS
Fabeln

Mit Illustrationen von
MANUELA ADREANI

Inhalt

Vorwort

Fabeln sind so alt wie die Menschheit und Dichter haben sie immer wieder erzählt: knapp, klug und voller Humor!
Dieser Band enthält zwanzig der schönsten Geschichten des griechischen Dichters Äsop, die er ungefähr 600 v. Chr. verfasst hat, die aber nichts von ihrer zeitlosen Weisheit, Faszination und Aktualität verloren haben.

Mit heiterer Leichtigkeit zeigen sie auf, wie man miteinander umgehen sollte, warnen vor Hochmut, falscher List oder Dummheit – stets mit einem Augenzwinkern. Kleine wie große Leser können auch heute noch viel von ihnen lernen!
Die hinreißend illustrierten Fabelwesen von Manuela Adreani sind ein künstlerischer Genuss und ziehen Kinder wie Erwachsene magisch in ihren Bann – einfach fabelhaft.
Und die Moral von der Geschicht? Viel Spaß beim Herausfinden!

DER FUCHS UND DER ESEL IM LÖWENFELL

Der Esel warf sich ein Löwenfell über und zog umher, um die anderen Tiere zu erschrecken. Plötzlich sah er den Fuchs und wollte auch ihm Angst einjagen. Doch der Fuchs hatte den Esel bereits zuvor schreien hören und sagte nur ruhig: »Sei sicher, auch ich würde mich vor dir fürchten, wenn ich dich nicht schon an deinem lauten I-AH-I-AH erkannt hätte.«

So gibt es auch Menschen, die aufgrund von Äußerlichkeiten wichtiger erscheinen als sie sind, bis sie sich durch ihre Geschwätzigkeit verraten.

DER HIRSCH UND DER LÖWE AN DER QUELLE

Der Hirsch hatte großen Durst und lief zu einer Quelle.
Während er trank, erblickte er sein Spiegelbild im Wasser.
Stolz bewunderte er die Größe und Form seines Geweihs, doch
er ärgerte sich über seine Beine, die ihm dünn und schwach
erschienen. Da tauchte plötzlich der Löwe auf und griff ihn
an. Schnell rannte der Hirsch über die weite Ebene davon und
gewann bald einen großen Vorsprung. Als er aber in den dichten
Wald kam, verfing sich ausgerechnet sein schönes Geweih in
den Ästen eines Baumes und der Löwe holte ihn ein. In seiner
Verzweiflung jammerte der Hirsch: »Ich Dummkopf! Erst jetzt
verstehe ich, wie nützlich meine schnellen Beine sind, die ich
verachtet habe, und wie viel Schaden mir mein Geweih bringt,
auf das ich so stolz war.«
Dies lehrt, dass Freunde, die wir nicht wirklich schätzen, hilfreicher
sein können als diejenigen, denen wir besonders vertrauen.

DER ESEL UND DIE FRÖSCHE

Der Esel war mit einem Stapel Holz beladen und musste einen Sumpf durchqueren. Dabei rutschte er aus, fiel hin und blieb im Schlamm stecken. Laut klagte und stöhnte er. Die Frösche im Sumpf hörten sein Wehgeschrei und sagten zu ihm: »Lieber Esel, wenn du so jammerst, obwohl du hier nur kurze Zeit feststeckst, was würdest du erst tun, wenn du so lange im Sumpf leben müsstest wie wir?«

Diese Fabel zeigt, dass manche Menschen sich in einer vermeintlich schwierigen Situation schon beschweren, obwohl andere viel schlimmer dran sind.

DIE WÖLFE UND DIE SCHAFE

Die hungrigen Wölfe hatten es auf eine Schafherde abgesehen.
Sie konnten sich aber nicht einfach so auf sie stürzen, weil
diese von Hunden bewacht wurde. Also beschlossen die Wölfe,
die Schafe zu überlisten, und schickten Gesandte, die von den
Schafen die Auslieferung aller Hunde forderten: »Die Hunde
sind der einzige Grund für unsere Feindschaft! Überlasst sie
uns und wir können in Frieden miteinander leben!« Die Schafe
ahnten nicht, dass dies eine Falle war, und lieferten die Hunde
bereitwillig aus. So wurde die nun unbewachte Schafherde für
die Wölfe eine leichte Beute.
Auch ein Land sollte seine Beschützer nicht leichtfertig
aufgeben, da es sonst selbst schutzlos wird.

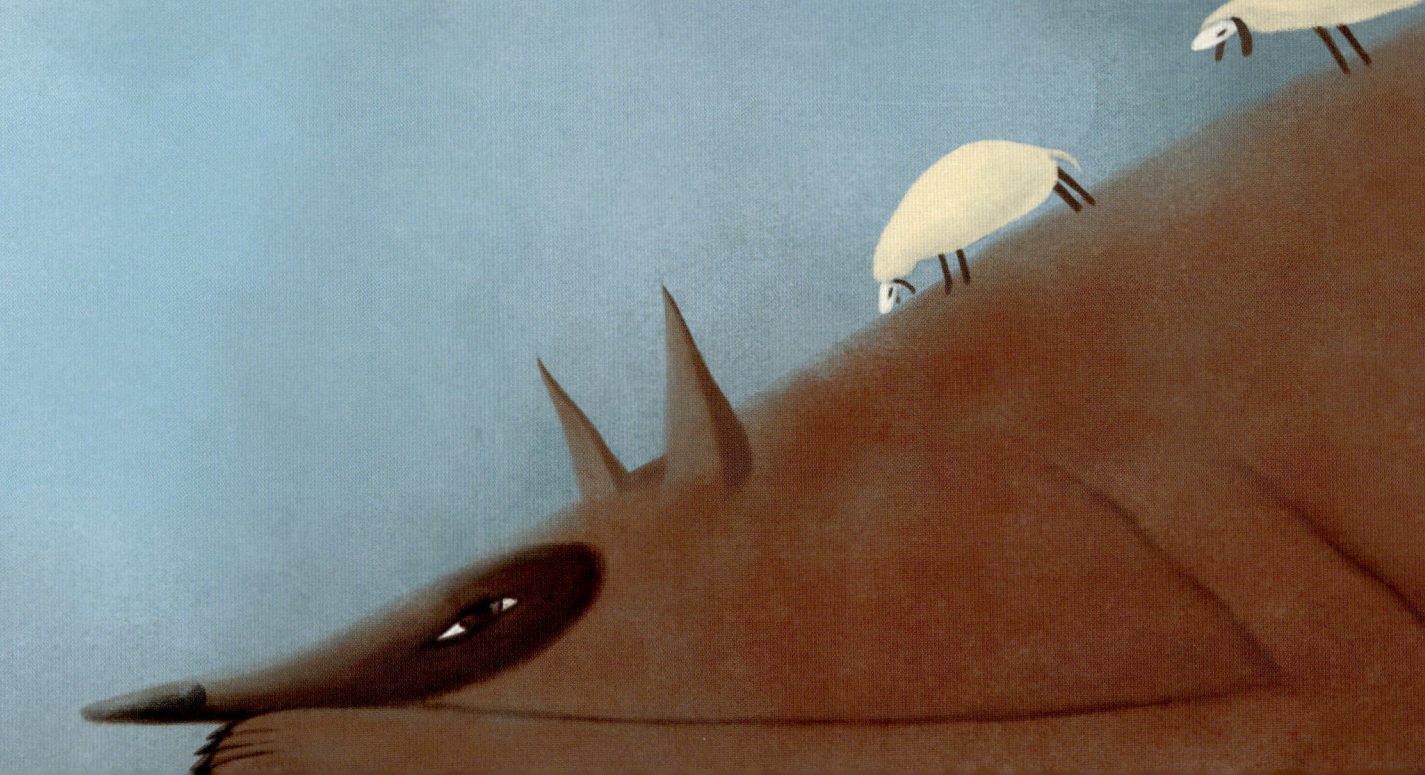

DIE ZWEI HUNDE

Der Besitzer von zwei Hunden bildete den einen zur Jagd und den anderen zum Wachhund aus. Wann immer der eine jagen ging und etwas nach Hause brachte, warf der Herr nicht nur ihm, sondern auch dem anderen ein Stück Fleisch hin. Das ärgerte den Jagdhund und wütend schimpfte er: »Ohne das Haus zu verlassen, bekommst du jeden Tag das gleiche Fressen, während ich mich täglich dafür abmühen muss.« Der Wachhund entgegnete: »Du solltest auf unseren Herrn zornig sein, nicht auf mich. Er hat mir beigebracht, zuhause zu bleiben und von der Arbeit anderer zu leben.«

So darf man Kindern Untätigkeit nicht vorwerfen, wenn ihre Eltern sie dazu erzogen haben.

DIE DOHLE UND DIE RABEN

Eine Dohle, die aufgrund ihrer außergewöhnlichen Größe die anderen Dohlen verachtete, flog zu den Raben, um bei ihnen zu leben. Die Raben aber sprachen: »Deine Stimme und dein Aussehen sind uns fremd! Bei uns kannst du nicht bleiben!« Sie schlugen die Dohle mit ihren Flügeln und vertrieben sie. Daraufhin wollte sie wieder zu den anderen Dohlen zurückkehren. Diese nahmen sie jedoch, verärgert über ihren Hochmut, nicht mehr auf. So kam es, dass die Dohle weder bei den einen noch bei den anderen leben konnte.
Dies geschieht auch manchen Menschen, die nicht in Harmonie mit ihrer Umwelt leben wollen, weil sie sich für etwas Besseres halten.

DIE DOHLE UND DER FUCHS

Die hungrige Dohle setzte sich auf einen Feigenbaum, der bereits Früchte trug.
Da die Winterfeigen aber noch nicht reif waren, wollte sie warten, bis diese
groß und saftig würden. Der Fuchs sah verwundert zu, wie viel Zeit die Dohle
auf dem Baum verbrachte. Als er den Grund für ihre Warterei erfuhr, sagte
der Fuchs: »Es ist ein gewaltiger Irrtum, meine Liebe, sich an die Hoffnung zu
klammern. Eine solche kann dich zwar hinhalten, aber niemals satt machen!«
Man sollte sich die Hoffnung nicht durch Lügen schlecht reden lassen.

DER KREBS UND DER FUCHS

Der Krebs verließ eines Tages das Meer, um sein Leben am Strand zu verbringen. Der Fuchs sah den Krebs und da er nichts besseres zum Fressen fand, stürzte er sich auf ihn. Da rief der Krebs: »Das geschieht mir recht. Wieso wollte ich auch als Meerestier auf dem Land leben?«
Niemand sollte seine gewohnte Umgebung für etwas aufgeben, das nicht zu ihm passt.

DER LÖWE, DER DIE MAUS FÜRCHTETE

Während der Löwe schlief, kletterte die Maus auf seinen Rücken.
Davon erwachte der Löwe und wand sich in alle Richtungen, um den
Störenfried ausfindig zu machen. Der Fuchs sah zu und spottete: »Hast
du großes, mächtiges Tier etwa Angst vor einer so kleinen Maus?«
Der Löwe jedoch entgegnete: »Ich fürchte mich nicht vor der Maus,
sondern bin darüber verärgert, dass sie es wagt, auf dem König der
Tiere herumzuklettern!«
Diese Fabel lehrt, auch kleinere, weniger wichtige Dinge zu achten.

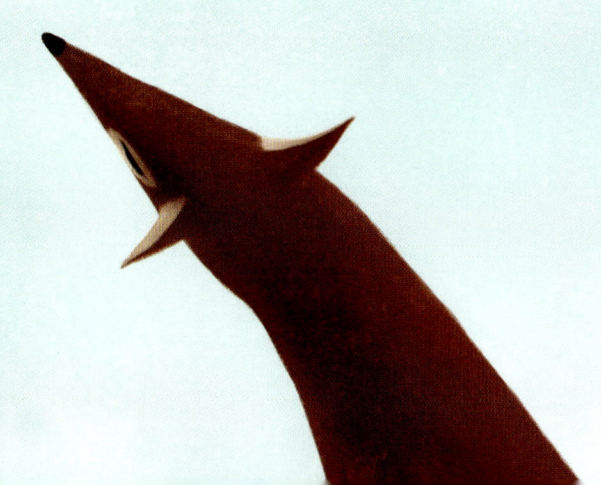

DIE STIMME DES GEIERS

Einst hatte der Geier eine hohe und hübsche Stimme. Als er aber das Pferd wunderschön wiehern hörte, wollte er es nachahmen. Doch je mehr er zu wiehern versuchte, desto mehr verlor er seine ursprüngliche Stimme. So hatte der Geier am Ende weder seine frühere noch die Stimme des Pferdes. Genauso riskieren Menschen ihre natürlichen Begabungen zu verlieren, wenn sie versuchen, andere zu imitieren.

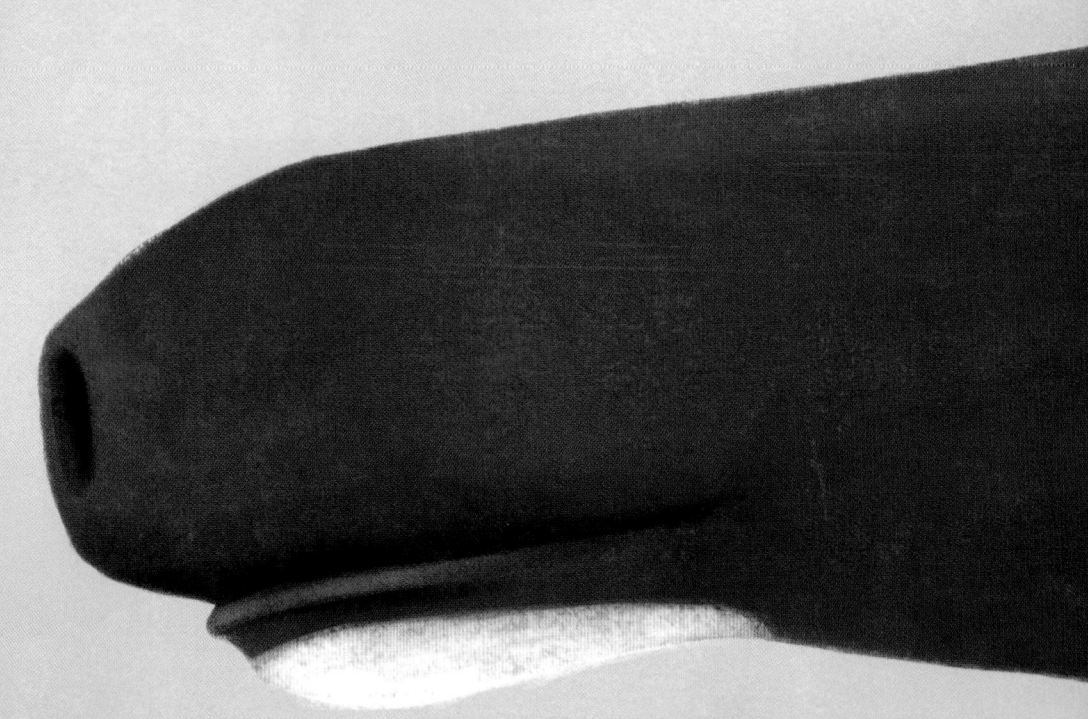

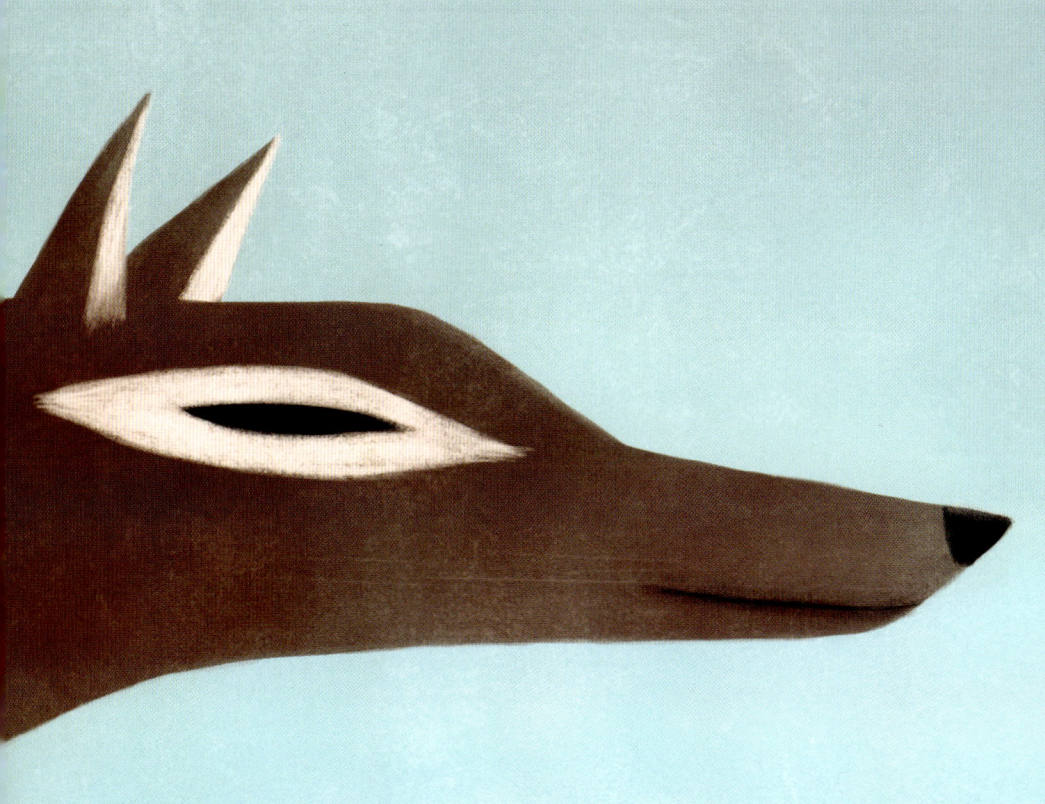

DER FROSCH ALS ARZT

Der Frosch verkündete eines Tages allen anderen Tieren in seinem Sumpf
voller Stolz: »Ich bin ein Arzt, der all eure Leiden kennt und sie heilen
kann.« Das hörte der Fuchs und fragte verwundert: »Wie willst du, bleicher
Frosch, anderen helfen, wenn du noch nicht einmal dein eigenes krankes Bein
kurieren kannst?«
Die Fabel besagt, dass jemand ohne Kenntnisse weder sich noch anderen
etwas beibringen kann.

DIE DROSSEL IM MYRTENHAIN

In einem Myrtenhain lebte die Drossel, der die süßen Beeren
so gut schmeckten, dass sie nicht aufhören konnte, davon zu
naschen. Eines Tages lauerte ihr der Vogelfänger auf und fing
sie blitzschnell ein. Die Drossel klagte: »Ich Arme, weil ich nicht
genug von den süßen Früchten kriegen konnte, verliere ich nun
mein Leben.«
Diese Fabel warnt, dass zügellose Gier Unglück bringen kann.

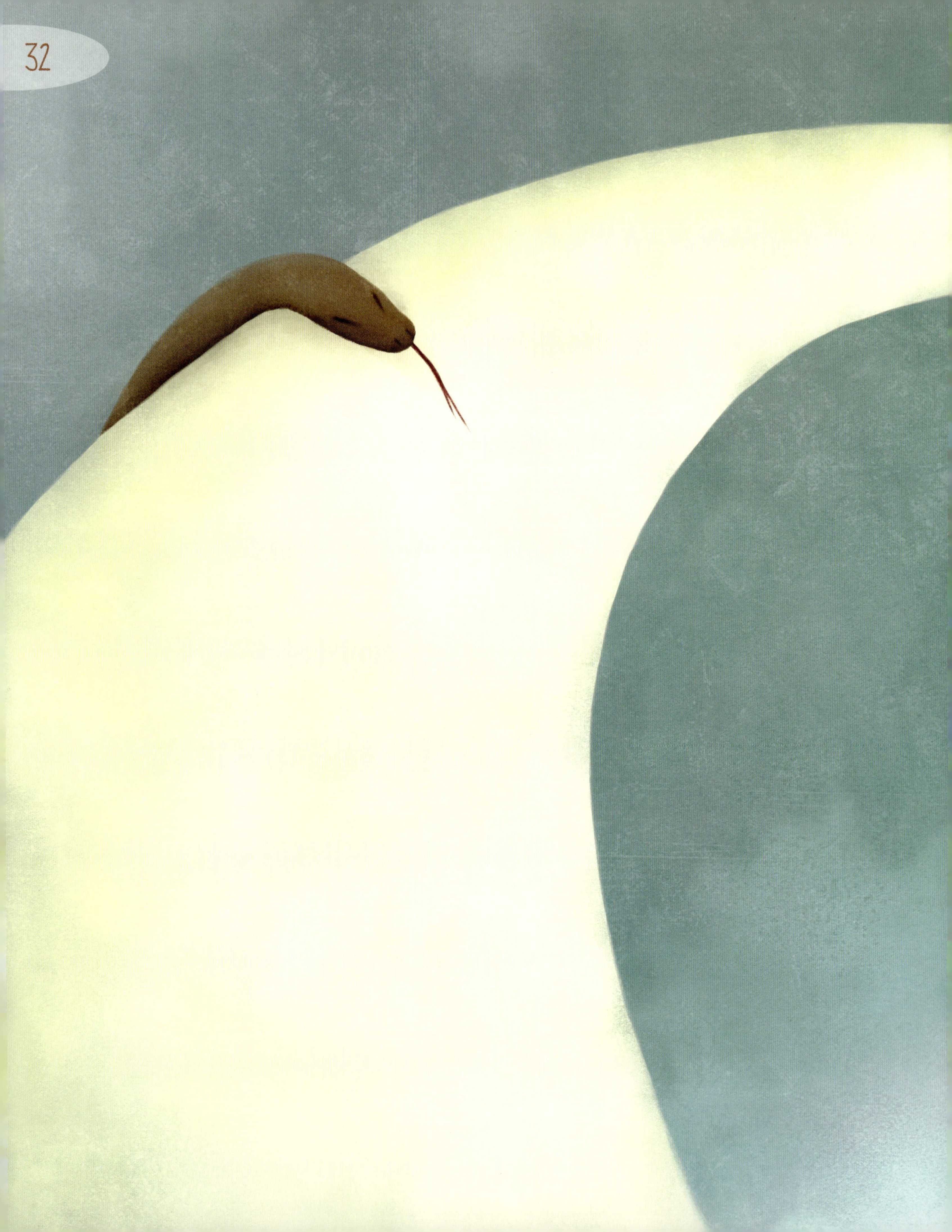

DIE HENNE UND DIE SCHWALBE

Die Henne entdeckte ein paar Schlangeneier, die sie liebevoll in ihr Nest legte, um sie auszubrüten. Die Schwalbe beobachtete die Henne und sagte: »Du Närrin! Warum willst du Kinder groß ziehen, die, wenn sie erwachsen sind, als erstes über dich herfallen?«

Dies lehrt, dass man Bösartigkeit nicht ändern kann, selbst wenn man es mit Liebe versucht.

DER FUCHS MIT DEM VOLLEN BAUCH

Der Fuchs hatte Hunger und fand in einem hohlen Eichenbaum ein riesiges Stück Fleisch. Flugs kroch er hinein und fraß alles auf. Davon jedoch wurde sein Bauch so dick und rund, dass er nicht mehr hinausschlüpfen konnte. Im Baum gefangen begann er laut zu jammern und zu stöhnen. Ein anderer Fuchs im Wald hörte sein Wehklagen und kam herbei. Als er vom Unglück des ersten Fuchses hörte, sagte er: »Du musst nur warten, bis du so dünn bist wie zuvor. Dann wirst du ohne Weiteres wieder aus dem Baum klettern können!«
Diese Fabel macht deutlich, dass die Zeit durchaus Probleme lösen kann.

DER FUCHS UND DIE MASKE

Der Fuchs schlich sich in die Wohnung eines Schauspielers.
Neugierig durchsuchte er den Schrank des Künstlers und
bewunderte die vielen bunten Kostüme. Dabei fiel ihm eine
wunderschöne Theater-Maske in die Pfoten. Er betrachtete sie
fasziniert und sprach: »Ohne Zweifel ist dies ein schönes Gesicht,
aber leider steckt nichts dahinter!«
Diese Geschichte passt zu Menschen, die zwar ein schönes
Äußeres haben, jedoch wenig Verstand.

DIE FRÖSCHE FORDERN EINEN NEUEN KÖNIG

Die Frösche waren es leid, keinen Herrscher zu haben. Also schickten sie einige
Boten zu Zeus, um ihm ihren Wunsch nach einem König vorzutragen.
Der Göttervater willigte ein und warf einen großen Holzbalken in den Teich, der
das Wasser nur so aufspritzen ließ. Erschrocken tauchten die Frösche schnell
auf den Grund des Teiches und verweilten dort. Als sie bemerkten, dass sich
das Holz nicht mehr bewegte, tauchten sie wieder auf und tanzten auf dem
Holzstück herum. Das sollte ihr König sein? Dieser unwürdige Balken?

Abermals gingen sie zu Zeus und baten ihn um einen neuen König. Da platzte dem Göttervater der Kragen: Verärgert schickte er eine Wasserschlange zu ihnen hinab, die alle Frösche innerhalb kürzester Zeit verschlang.
So ist es besser, einen ruhigen Herrscher zu haben, als einen bösen, der alles zerstört.

DIE FÜCHSE AM UFER DES MÄANDERFLUSSES

Die Füchse hatten sich am Ufer des Mäanderflusses versammelt, um von dem klaren Wasser zu trinken. Die Strömung aber war sehr stark und aus Angst, von ihr mitgerissen zu werden, traute sich keiner hinein. Da trat einer hervor, der sich stärker und mutiger wähnte als die anderen, und sprang in den Fluss. Sogleich wurde er von der Strömung erfasst. Die Füchse am Ufer schrien: »Verlass uns nicht, sondern zeig uns eine Stelle, wo wir ohne Gefahr trinken können!« Doch der Fuchs rief, während er weggetrieben wurde, wichtigtuerisch: »Zuerst muss ich eine eilige Nachricht nach Milet überbringen. Wartet, bis ich zurückkehre!« Diese Fabel gilt jenen, die sich durch Prahlerei nur in Gefahr bringen.

DIE SCHWALBE UND DIE NACHTIGALL

Die Schwalbe riet der Nachtigall, nicht allein im Wald zu leben,
sondern ihr Nest wie sie unter dem Dach der Menschen zu
bauen. Die Nachtigall aber erwiderte: »Lass mich, die Häuser
und Menschen erinnern mich immer an vergangene Zeiten des
Unglücks. Ich lebe lieber hier in Einsamkeit.«
Dies zeigt, dass schlechte Erfahrungen schwer zu vergessen sind,
wenn die Umgebung immer daran erinnert.

DIE NACHTIGALL UND DER HABICHT

Die Nachtigall saß auf einem Eichenbaum und trällerte lieblich
vor sich hin. Der hungrige Habicht sah sie aus der Luft, schoss in
Windeseile hinunter und packte sie. Die Nachtigall bettelte kläglich:
»Ach, friss mich doch nicht, ich bin ja viel zu klein, um dich satt zu
machen! Du musst größere Vögel jagen als mich, um deinen Bauch
zu füllen!« Der Habicht aber entgegnete: »Ich bin doch kein Narr
und lasse das Futter los, das ich sicher im Schnabel habe, nur um
größerer Beute nachzujagen, die ich noch nicht einmal in der Ferne
sehe!«

Dies spielt auf die Unvernunft der Menschen an, welche in der
Hoffnung auf etwas Besseres das aufgeben, was sie sicher in der Hand
halten.

ZEUS UND DIE SCHILDKRÖTE

Als Zeus heiratete, waren alle Tiere zum großen Fest eingeladen. Nur die Schildkröte ließ sich nicht blicken. Darum fragte Zeus sie am nächsten Tag verwundert, warum sie als einzige nicht zu seiner Hochzeit erschienen sei. Die Schildkröte erwiderte gemächlich: »Zuhause bin ich gern, zuhause ist es am schönsten!« Darüber ärgerte sich Zeus sehr. Zur Strafe setzte er der Schildkröte ihr Haus auf den Rücken und sie musste es ein Leben lang mit sich herumtragen.
So leben manche Menschen lieber zuhause, statt ihre Zeit in Gesellschaft zu verbringen.

ANMERKUNGEN

DER AUTOR: Äsop, der vermutlich 600 v. Chr. lebte, ist zwar einer der bekanntesten griechischen Fabeldichter, dennoch weiß man bis heute nur wenig über ihn. Umso mehr Legenden ranken sich um seine Biografie. Doch so geheimnisvoll wie Äsops Leben, so zauberhaft und lehrreich sind seine Fabeln, die uns noch heute in ihren Bann ziehen.

DIE ILLUSTRATORIN: Manuela Adreani, geboren in Rom, arbeitete nach ihrem Illustrations-Studium zunächst als Grafikerin und animierte diverse Fernsehfilme. Seit 2011 illustriert sie als freischaffende Künstlerin zahlreiche Kinderbücher. Für ihre Darstellung des »Pinocchio« wurde sie anlässlich eines Illustrations-Wettbewerbs zu diesem Thema 2013 mit einem Preis ausgezeichnet. Manuela Adreani lebt in Turin.

Die vorliegende Ausgabe ist kindgerecht dem modernen Sprachgebrauch angepasst.

WHITE STAR KIDS

White Star Kids® is a registered trademark property of White Star s.r.l.
Die italienische Originalausgabe erschien 2017 unter dem Titel
»Le Favole di Esopo« bei White Star Kids

© 2017 White Star s.r.l.
Piazzale Luigi Cadorna, 6 - 20123 Milan, Italy
www.whitestar.it

© Kindermann Verlag, Berlin 2018
Alle deutschsprachigen Rechte vorbehalten
ISBN 978-3-934029-76-7
www.kindermannverlag.de

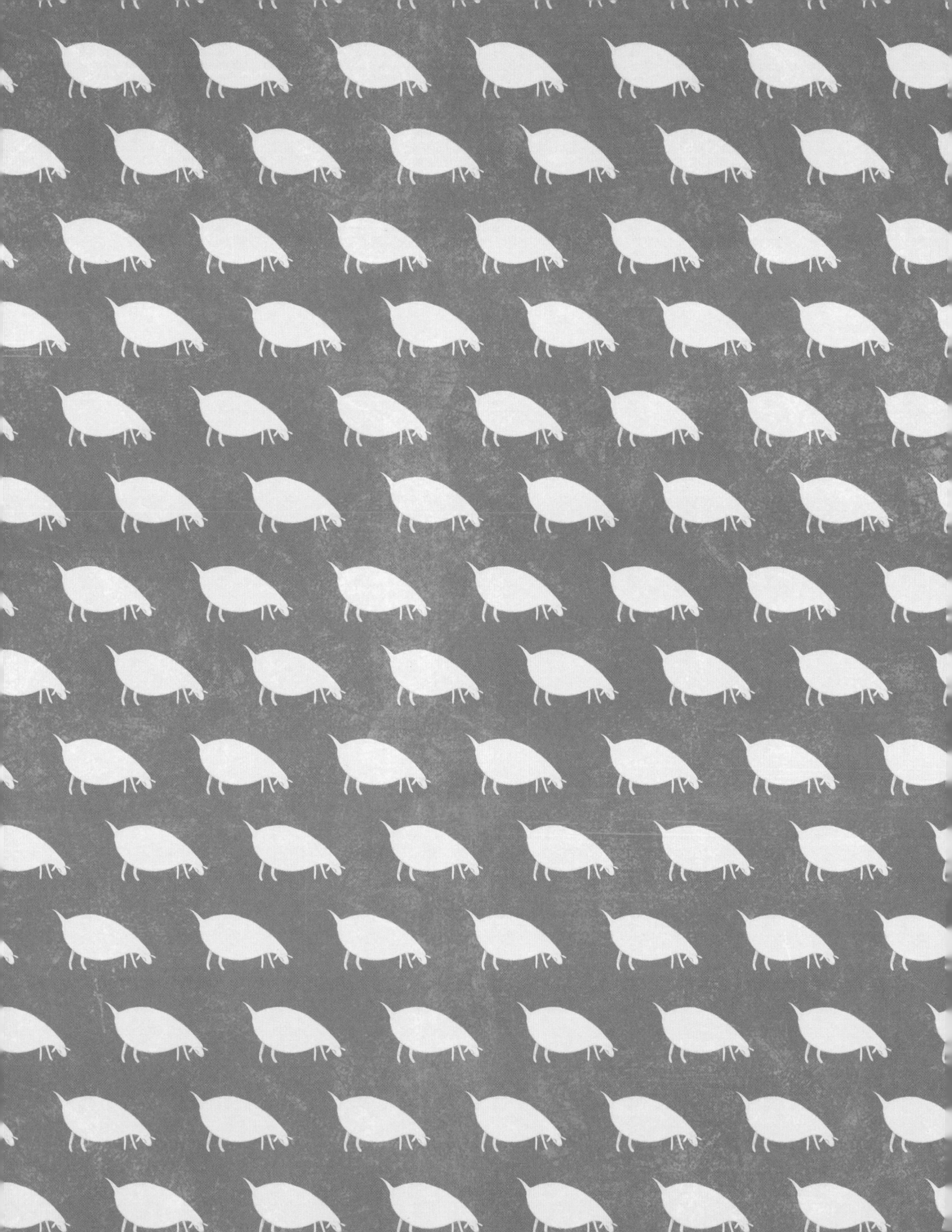

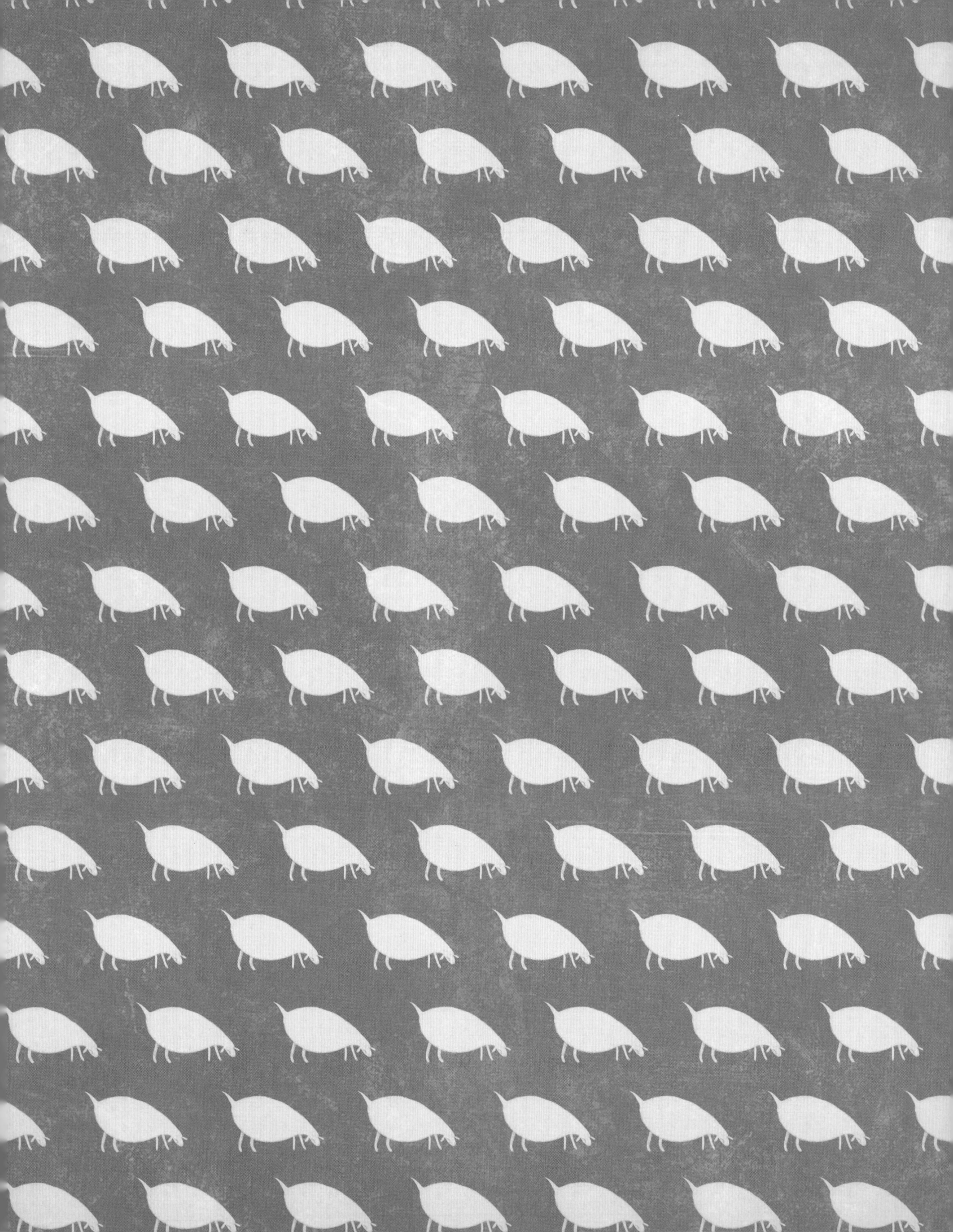